RsteR ❤ Reu6R

AUTEUR : Morel Vannick Teyimo

"J'AI VENDU MON VOTE "

En 2005, Mamoun est un jeune avec un cursus scolaire normal...

Il a terminé ses études avec la promesse qu'au bout du compte il aura un travail.
Et malheureusement, ce n'est pas le cas.

A 35 ans sa copine, son fils et lui vivent
toujours à l'aide de la maigre pension de son père
à la retraite.

Son quotidien n'est pas du tout facile. Ainsi, ses potes et lui ont développé un stratagème pour éviter de voir les dures journées passer. Ils ont donc élu domicile dans les bars des quartiers et passent les heures à vider les bouteilles de bière...

et remplir les caniveaux d'urines. Sous prétexte que la vie au pays ne vaut plus la peine que d'être bue.

C'est donc ainsi qu'un jour, assis dans ce bar, ils levaient le coude et soulevaient des débats autour du championnat de football français et du salaire faramineux de Neymar.

Ils supputaient même sur ce qu'ils feraient si jamais ils étaient admis au concours d'administration de l'Etat réservé aux fils de l'élite

Il a commencé à leur remettre des cartes d'électeurs qu'ils ont hésité à prendre.

ELECOM = Elections and Communications

ET POURTANT, CETTE CARTE TE PERMETTRA DE MANGER ET DE BOIRE PENDANT UNE SEMAINE. DE RAMENER UN SAC DE RIZ, DU SAVON ET DU POISSON CONGELÉ À TES PARENTS....

ET J'AI ENTENDU QUE SI TU VOTES PAR EXEMPLE 5 FOIS POUR LE PARTI AU POUVOIR AVEC LA MÊME CARTE CA FAIT 50.000F !

50.000 POUR VOTER 5 FOIS AVEC LA MÊME CARTE, MOI JE VOTERAIS DONC 100 FOIS POUR. JE M'EN FOUS !
MOI JE VEUX MES DOS*

Ensuite entra dans le bar un jeune homme politique de 35 ans appelé Marc Kissamba qui écume les plateaux télés pour dire qu'il n'est pas normal qu'un seul homme fasse 65 ans au pouvoir et que le peuple se plaigne mais ne vote pas...

N'ayant pas les moyens de sa politique, il s'habille modestement et se déplace en mototaxi ou en car rapide pour faire sa campagne de proximité. Il est très difficile pour lui de séduire des jeunes qui ne marchent qu'au rythme de la bière et de l'argent.

Je veux mes dos = Je veux mon argent !

Il entra donc dans ce bar où buvaient Mamoun et ses potes pour leur parler de son programme électoral qui consistait à construire des routes, des hôpitaux et à la réinsertion des jeunes sans emploi dans la société.

En fait Marc Kissamba voulait obtenir leur promesse électorale, pendant qu'il développait son programme…

SI TU N'AS RIEN À DONNER LAISSE-NOUS TRANQUILLES…UNE CAMPAGNE NE SE FAIT PAS LES MAINS VIDES.
NOUS ON A SOIF ! PAYE NOUS À BOIRE SI TU ES UN BON CANDIDAT…

FRÈRE QUE VAUT LA BOISSON FACE À L'AVENIR DE NOTRE PAYS ?...

Pendant que Marc Kissamba se tuait à parler, on entendit de l'extérieur une musique forte venant d'un car podium en forme d'avion du bar...

LE MINISTRE DES MINISTRES EST LÀ !!

Venu battre campagne, il distribuait les sacs de riz de la bière et l'argent

LE PRÉSIDENT DES PRÉSIDENTS A UN MESSAGE POUR VOUS QUI SOUFFREZ. IL VOUS ENVOIE À BOIRE ET À MANGER !

Mamoun et ses amis se sont mis en rang pour prendre les dons.

Mamoun, ces amis et la quasi-totalité de son quartier se sont donc entendus avec les bras droit du ministre des ministres pour renflouer les urnes en votant 10 fois avec la même identité.

Ils avaient leur "cachet" dans la poche.

Le PRÉSIDENT des PRÉSIDENTS fut finalement RÉÉLU...

8 mois après...

La fille de Mamoun tomba malade.

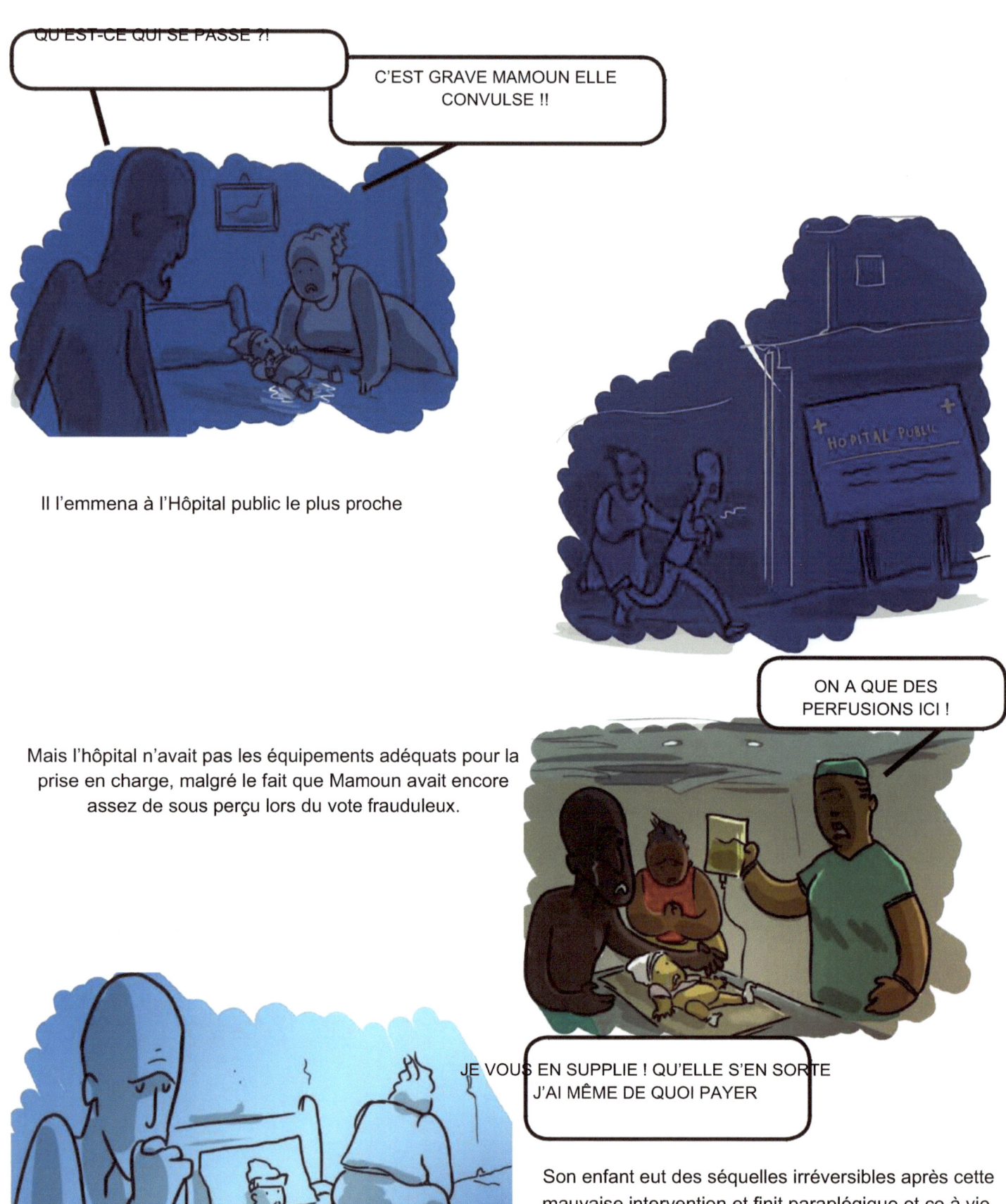

Il l'emmena à l'Hôpital public le plus proche

Mais l'hôpital n'avait pas les équipements adéquats pour la prise en charge, malgré le fait que Mamoun avait encore assez de sous perçu lors du vote frauduleux.

Son enfant eut des séquelles irréversibles après cette mauvaise intervention et finit paraplégique et ce à vie.

Quelque temps après, la mère de Mamoun effectua un déplacement dans l'une des régions les plus mal loties du pays en termes d'infrastructures...

Et le malheur ne tarda pas à frapper...

Sa mère qui se rendait à un mariage rendit l'âme dans le désastre

Quelques annees plus tard, La pension de son père à la retraite qui faisait vivre toute la famille fut coupée.

OUI MONSIEUR IL Y'À UNE RÉCESSION ÉCONOMIQUE
À CAUSE DE LA DÉVALUATION DE LA MONNAIE....
BREF VOTRE PENSION SERA SUSPENDUE
POUR AIDER LE PAYS À ABSORBER CETTE CRISE...
SERREZ LA CEINTURE !... CA VA ALLER !

HEIN ?!! PARDON NE BLAGUEZ PAS COMME CA !!!...

████ !

Le père ne pouvant pas résister au choc de cette nouvelle,
succomba à une crise cardiaque.

ARGH... !!

BEAU-PÈRE... !!

Mamoun se retrouva donc pire qu'avant... orphelin des 2 parents, sans emploi, avec la charge complète d'une enfant qui a constamment besoin de soins médicaux.

Deux mois après le deuil, Mamoun et ses amis ont pris la route pour tenter l'aventure vers l'Europe.

Mais mal leur en a pris ! Sur la route vers "l"El Dorado"... ils furent séquestrés en Libye,

ils étaient donc de retour dans ce pays qu'ils avaient laissé ...

Ils se sont rendu compte que rien n'a changé. Surtout que le président des présidents a encore l'intention de se représenter malgré son âge en 2025.

Tout ceci ne serait sûrement pas arrivé, si Mamoun avait pris la bonne décision quand il en avait l'opportunité…

Et vous, que feriez-vous comme choix à la place de Mamoun ?

L'Afrique Berceau de l'humanité,

Restez-y

Faites le bon choix aux urnes,

Ne vends plus ton vote !

Restons Réussir !

www.ingramcontent.com/pod-product-compliance
Lightning Source LLC
Chambersburg PA
CBHW041831280526
45792CB00006B/2047